피아노
리브레

연 주 곡 집

[음악세계]

저자의 글

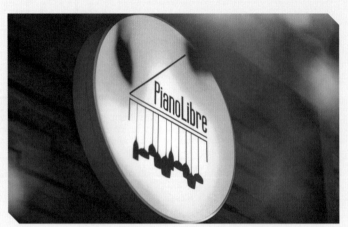

http://www.pianolibre.com

대학생 때부터 취미로 피아노를 배우고자 하는 수많은 사람을 레슨 해왔습니다. 학원을 시작하기 전까지 개인 레슨으로만 100명이 넘는 성인들을 가르쳤습니다. 그 연장선으로 피아노리브레라는 학원까지 운영하게 되었고요.

제 레슨이 인기가 있었던 이유는 피아노를 향한 쉽고 재미있는 접근이었습니다. 취미로 음악을 즐기고 싶어서 피아노를 연습하기 시작했는데, 막상 시작해보니 역시나 어릴 때 배웠던 것처럼 재미가 없어서 다시 포기하게 되었다는 분들이 많았습니다. 그런 분들에게 피아노를 즐기면서 연주할 수 있도록 제가 도와드릴 수 있었던 유일한 방법은 '재미있는 악보'였습니다. 보통 '피아노 레슨'하면 생각나는 교재들이 아닌, 한 분 한 분에게 맞추어 커리큘럼을 짜고 그분들이 좋아하는 장르의 곡들로 쉽게 가르쳐드리려고 노력했습니다. 하지만, 제 입맛에 딱 맞는 악보들을 찾기는 참 어려웠습니다. 그래서 학원을 시작하면서부터 결심했던 첫 번째 목표는 '우리만의 악보를 만들어야겠다.'였습니다.

2012년 학원 개원 시부터 차근차근 만들기 시작해서 몇백 곡의 악보들이 만들어졌고, 그중에서도 저희 수강생들에게 가장 인기 있는 곡 중 28곡을 엄선하여 음악세계라는 좋은 회사와 인연이 되어 이렇게 출판까지 하게 되었습니다. 언제 어디서나 즐겨 들으며 항상 흥얼거리던 가요와 팝, 영상보다 더 깊게 마음속에 파고든 영화나 드라마의 OST들, 편하게 쉬고 싶을 때 자연스레 틀게 되던 연주곡들, 내가 좋아하는 곡, 연주하고 싶으신 곡들로 피아노를 즐겨주세요.

행복할 때는 더 큰 행복함을 안겨주고, 힘이 들 때는 따뜻한 위로가 되어주고, 지치고 외로울 때는 벗이 되어주고, 사랑할 때는 더욱 빛내 줄 수 있는 악보집이 되었으면 좋겠습니다.

이 책을 연주하시는 모든 분의 마음이 따뜻해지셨으면 합니다.

지금부터 가볍고 편안한 마음으로 피아노를 즐겨보시기 바랍니다.

피아노리브레 김의영

리브레 소개

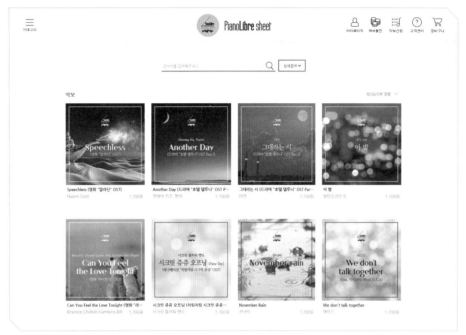

http://www.pianolibresheet.com

피아노리브레는 2012년 개원하여 강남 본원을 시작으로 서울, 수도권, 지방 전역까지 확장하고 있는 성인들을 위한 문화공간 성인 전문 음악학원입니다.

많은 성인분이 피아노리브레를 통해 음악의 아름다움을 알게 되었고, 소중한 인연들을 만나서 함께 뮤직 라이프를 즐기고 있습니다.

음악과 함께하는 삶은 따뜻합니다. 이 악보집을 연주하시는 모든 분께서도 이러한 음악의 힘을 느껴보셨으면 하는 바람입니다.

그간 저희 편곡 악보들의 외부 구매 요청이 매우 많았습니다. 피아노 연주를 취미로 즐기는 분들, 유튜브를 통해 저희 악보를 접한 분들, 피아노학원을 운영하시는 원장님들께까지 수많은 구매 요청을 받아왔습니다.

많은 관심에 힘입어 오랜 시간 준비 끝에 **피아노 악보 사이트**(http://www.pianolibresheet.com)를 런칭하게 되었습니다. 피아노를 좋아하는 많은 분께서도 이제 편하게 저희 악보를 구매하여 연주를 즐기실 수 있습니다.

한류의 열풍 K-pop부터 영화·드라마 OST, 팝에 이르기까지 리브레만의 스타일로 편곡된 악보들을 만나보실 수 있습니다. 조성이 어려운 곡은 쉬운 키로 전조된 악보도 준비되어 있으며, 어느 조성의 악보로도 원곡의 분위기를 충분히 느끼며 풍성한 연주를 즐기실 수 있습니다.

이 책의 활용법

최신가요, 인기가요, 팝, 드라마·영화·애니메이션 OST, 연주곡까지 다양한 장르의
곡들이 수록되어 있습니다.

모든 곡을 최대한 원곡의 분위기에 가깝게 편곡했습니다. 원곡의 느낌을 살리면서도
피아노와 잘 어울리게 편곡하여 풍성하고 세련된 연주를 즐기실 수 있습니다.

부담 없이 편하고 가볍게 연주할 수 있는 정도의 곡부터 원곡의 느낌을 살리다 보니
살짝 난이도가 있는 곡들까지 다양한 난이도의 곡들이 수록되어 있습니다.

먼저 QR코드를 통해 유튜브 연주영상을 들어보세요.

- 가요와 팝은 가사를 흥얼흥얼 따라 부르면서 연주할 수 있도록 멜로디 라인이 선명히
  들리도록 편곡했습니다.
- 왼손 반주는 너무 크지 않게 편하게 연주해 주시고, 오른손 멜로디 라인은 선명히 연
  주해주세요. 특히 화음 연주 시 탑노트 멜로디 라인(4번, 5번 손가락)에 힘을 주고 연
  주하면 더 좋습니다.
- 연주곡 중 조성이 어려운 곡은 쉬운 키로 전조하여 편하게 연주할 수 있도록 편곡했
  습니다. 쉬운 키로 전조 되었지만 원곡의 분위기를 그대로 느끼실 수 있습니다.

'틀리지 말아야지!', '악보에 나와 있는 빠르기대로 쳐야지!', '모든 화음 놓치지 말고 쳐야지!'
이러한 생각 다 내려놓으시고 가벼운 마음으로 편하게 연주해주세요.

'완벽히' 연주하는 것 보다 '즐기면서' 연주하는 것이 훨씬 좋은 연주입니다.
이제부터 여러분만의 최고의 피아노 연주를 시작해보세요.

QR사용법

① QR코드는 정사각형 모양의 마크로 스마트폰에서 인식할 수 있습니다.

② 스마트폰에서 QR코드 어플리케이션을 다운로드 후 실행합니다.

또는 포털 사이트의 검색 창에서 QR코드 인식을 실행합니다.

③ 스마트폰을 QR코드에 가까이 대고 실행된 어플리케이션 화면 프레임안에 QR코드를 맞춰 줍니다.

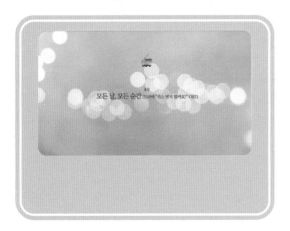

④ 자동으로 인식되어 나타난 화면에서 재생 표시를 누르면 해당 영상을 볼 수 있습니다.

PianoLibre

차례 Contents

걱정말아요 그대

'응답하라 1988' OST Part.2

전인권 작사 · 작곡
이적 노래

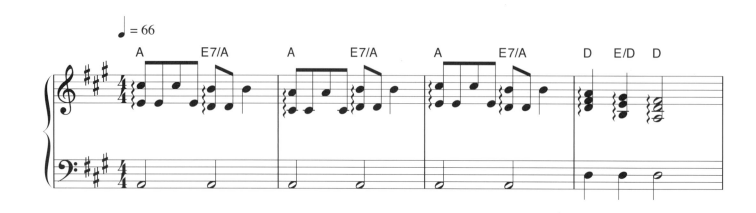

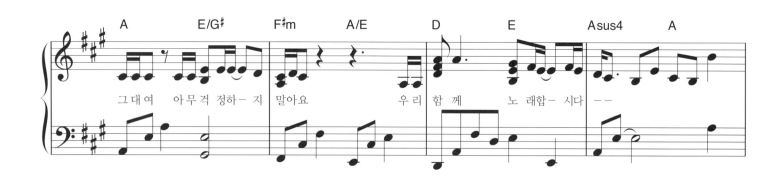

그대여 아무걱정하지 말아요 우리 함께 노래합시다

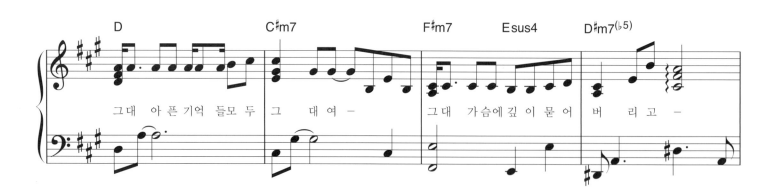

그대 아픈기억들모두 그 대여 그대 가슴에깊이묻어 버 리고

지 나간것은 지 나간대로 그 런의미가 있죠

그때 헤어지면 돼

로이킴 작사 · 작곡
로이킴 노래

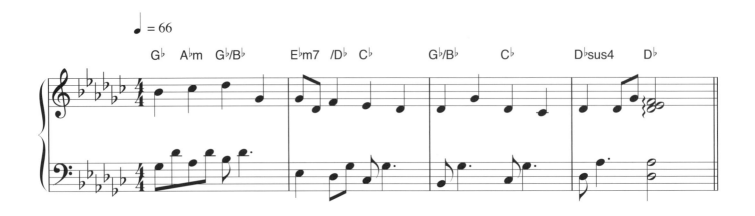

나를사랑하 는법ㅡ은 어렵 지않ㅡ아 요ㅡ 지금모 습그대 로ㅡ 나를꼭

안아 주ㅡ세요 ㅡ 우리나중에 느어ㅡ떻 게될 진몰라 도ㅡ 정해

지 지않아 서ㅡ 그게 나는 좋아 요 남들이뭐 라는ㅡ게 뭐

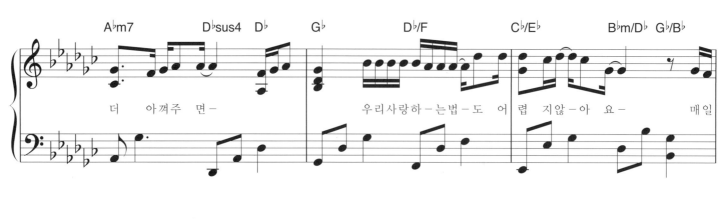

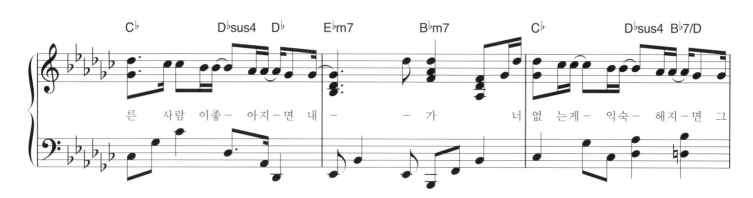

꽃 길

G-DRAGON, T.O.P 작사
G-DRAGON, The Fliptones 작곡
BIGBANG 노래

다시 사랑한다 말할까

김동률 작사
김동률 작곡
김동률 노래

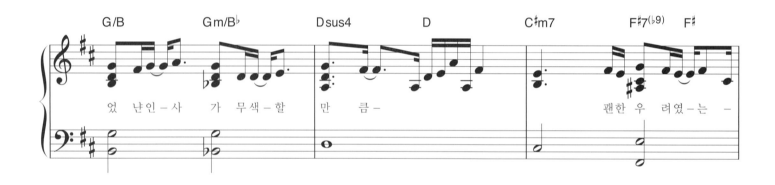

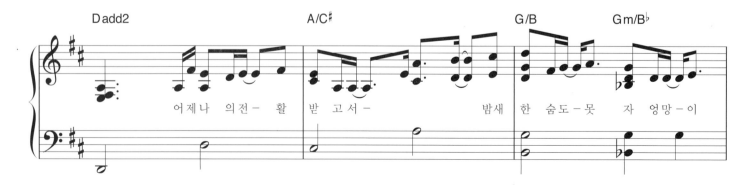

동화

김민석 작사
멜로망스 작곡
멜로망스 노래

너 의마 음 속 내 모 습 들 ― ― ―

언 젠가― 애 기 해 줬을 ― 때 ―   들 고있― 는 날 엔

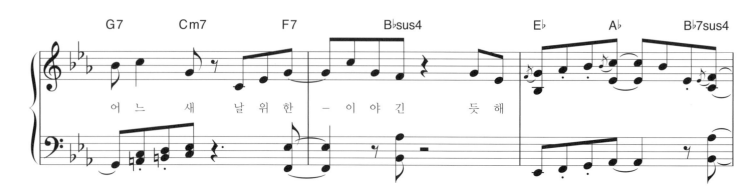

어 느 새 날 위한 ― 이야긴   듯 해

우 리 가 – 나 눈 시 간 위 – 해 –

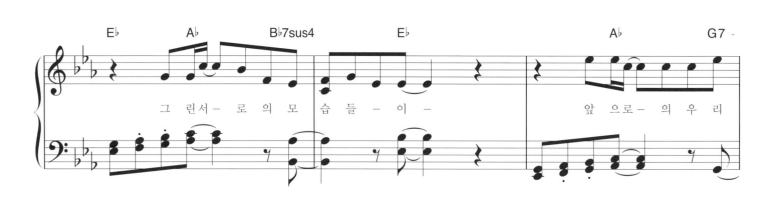

그 린 서 – 로 의 모 습 들 – 이 – 앞 으 로 – 의 우 리

에 대 해 믿 을 수 – 있 게 하 는 듯 해

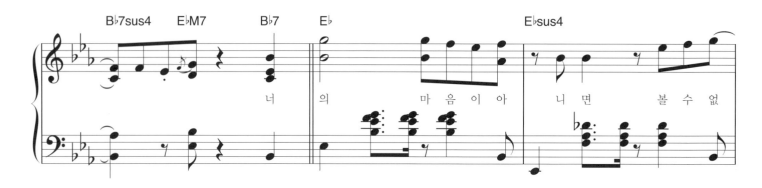

너   의   마 음 이 아 니 면 볼 수 없

모든 날, 모든 순간

'키스 먼저 할까요?' OST Part.3

어깨깡패 작사 · 작곡
폴킴 노래

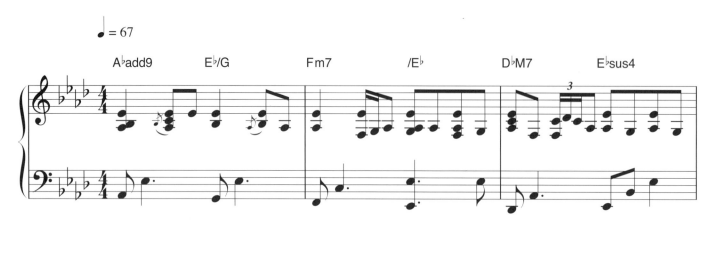

네가없이웃 을수 — 있을 까 —

생 각만해도눈 물이 — 나 —   힘든시간날 지켜 — 준사

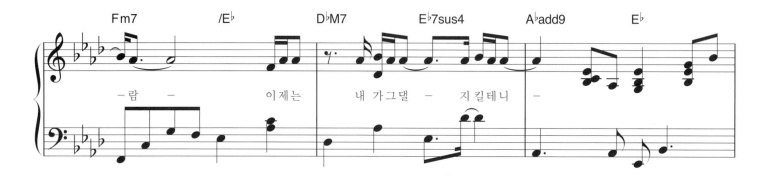

— 람 —   이제는   내 가그멜 — 지킬테니 —

D♭add9
Fm7
G♭
너의품은항 상따– 뜻했 –어 – 고단했던 나 의하 –루에 – 유
E♭7sus4
E♭
A♭
E♭/G
Fm7
/E♭
일 한 휴식처 – 나 는 – 너하나로충 분 해 – 긴 말
D♭M7
E♭sus4
A♭add9
E♭
A♭
E♭/G
안해도눈빛으로 – 다아니깐 – 한송이의꽃 이피– 고지
Fm7
/E♭
D♭M7
E♭sus4
A♭
E♭7sus4
–는 – 모든날 – 모든순간 – 함께해
A♭
E♭/G
Fm7
/E♭
D♭M7
E♭7sus4
햇살처럼빛 나고– 있었 –지 – 나를보는네 눈 빛 은

D♭M7 E♭sus4 A♭ D♭
– 모든순간 – 함께해 – 알수없는미 래지–만
Cm7 B♭m7 E♭9sus4
네품속에있 는지–금 순 – 간순–간이 – 영 원 했으–면해 –
E♭7sus4 A♭ E♭/G Fm7 /E♭
– 갈 게 – 바람이좋은 날 에 – 햇 살
3
D♭M7 E♭sus4 A♭ E♭ A♭ E♭/G
눈부신어떤날에 – 너에게로 – 처음내게왔 던그– 날처
Fm7 /E♭ D♭M7 E♭7sus4 A♭ E♭9sus4 A♭add9
–럼 – 모든날 – 모든순간 – 함께해 rit.

밤편지

아이유 작사
제휘, 김희원 작곡
아이유 노래

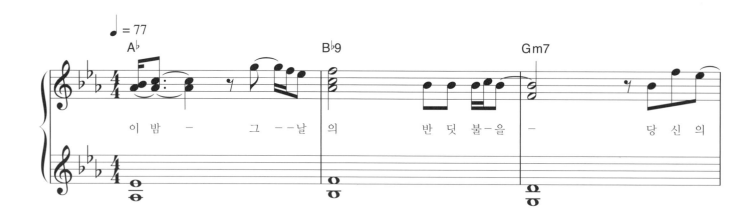

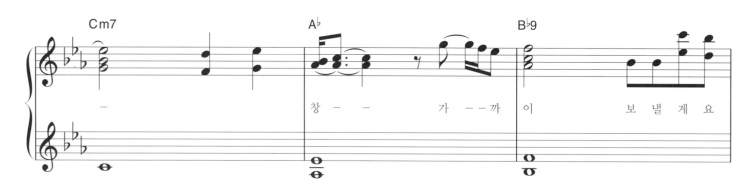

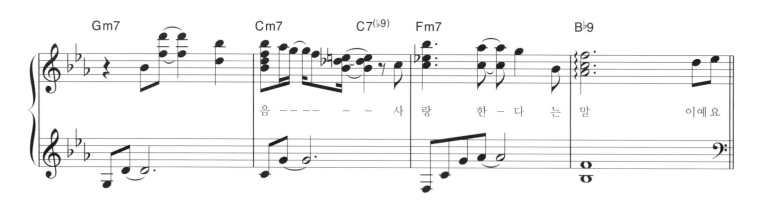

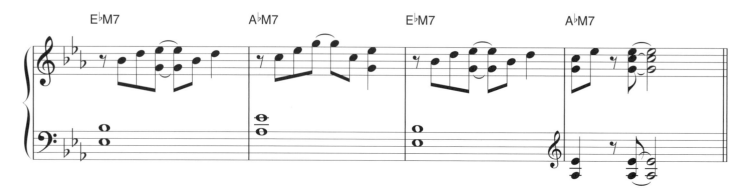

그대가 멀 – 리 사 라 져 버 – 릴 것 같 – 아 늘

그리워 – 그리워 – 여 기 내 마 음 속 에   모 든 말 을 –   다 꺼 내 어 줄

– 순 없 – 지만 –   사 랑 – 한 다 는 말 –   이 예 요

어 떻 – 게 –   나 에 게 –   그 대 란   행 운 이 온 걸 – 까   지 금

비도 오고 그래서(Feat. 신용재)

헤이즈 작사
헤이즈, 다비 작곡
헤이즈(Feat. 신용재) 노래

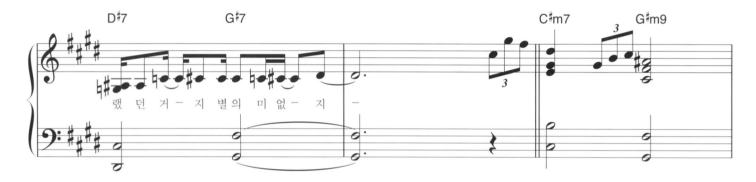

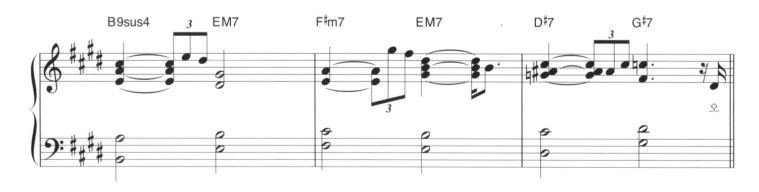

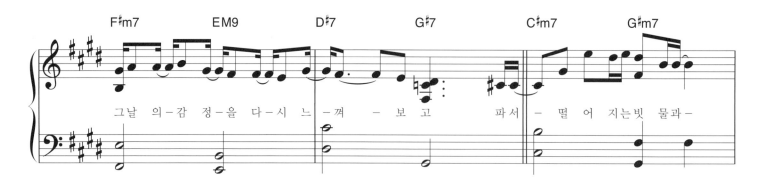

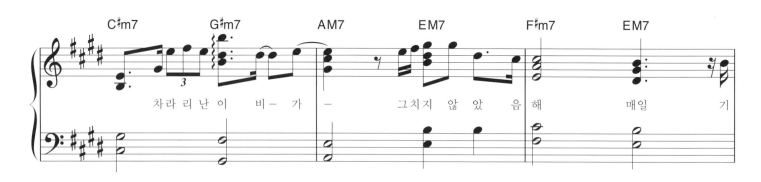

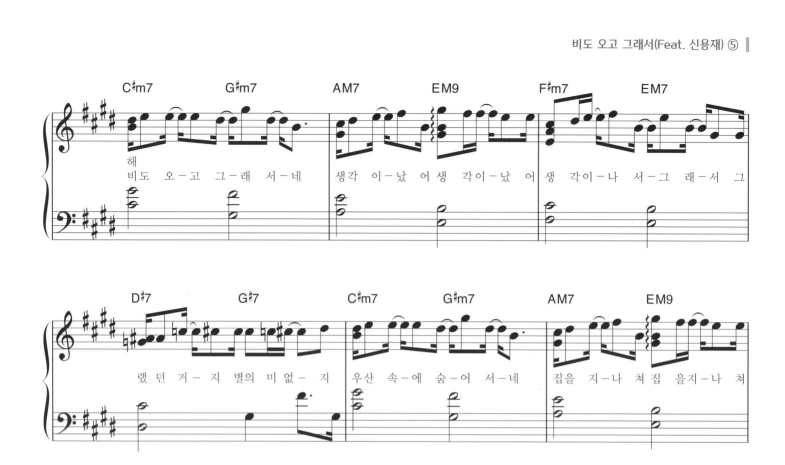

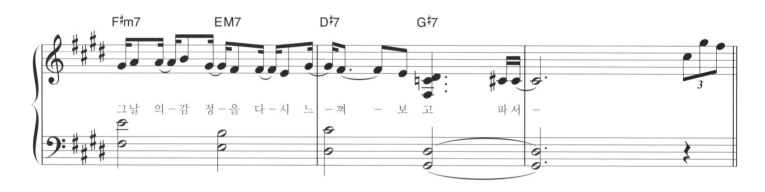

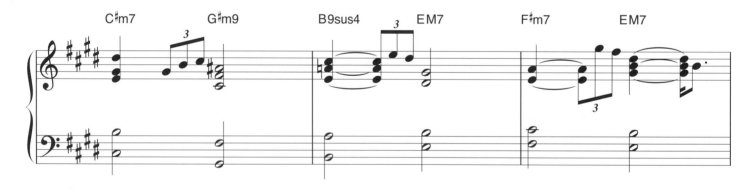

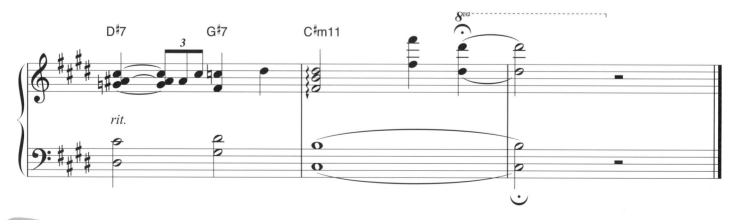

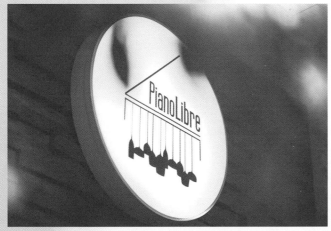

Gozar del tiempo Libre
;여가를 즐기다

수고했어, 오늘도

김윤주 작사 · 작곡
옥상달빛 노래

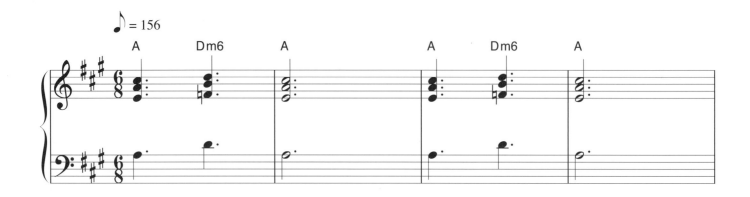

세 상 사 람 들 모 두   정 답 을 알 긴 할 까

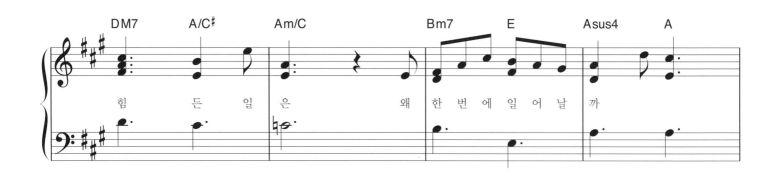

힘 든 일 은   왜 한 번 에 일 어 날 까

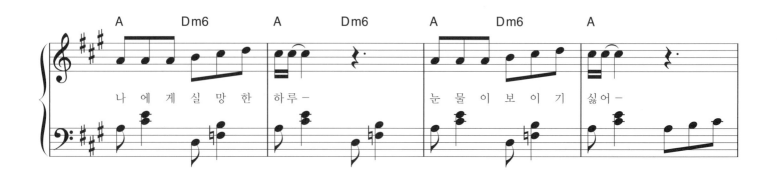

나 에 게 실 망 한 하 루 ―   눈 물 이 보 이 기 싫 어 ―

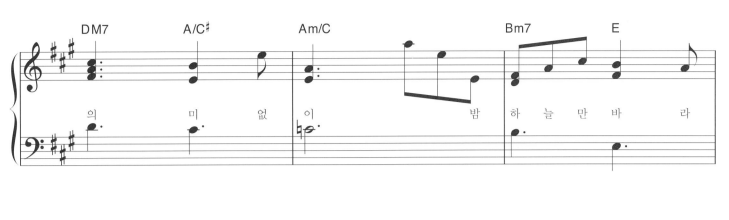

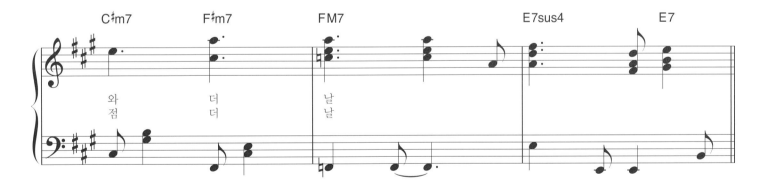

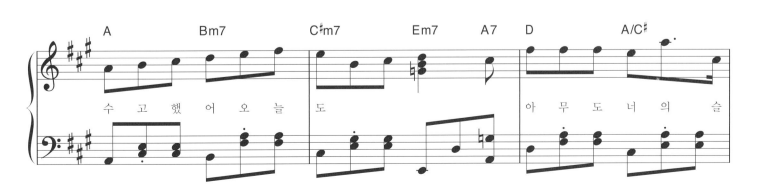

여행

안지영 작사 · 작곡
볼빨간사춘기 노래

♩ = 126

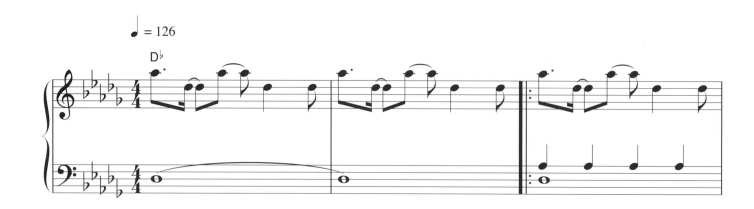

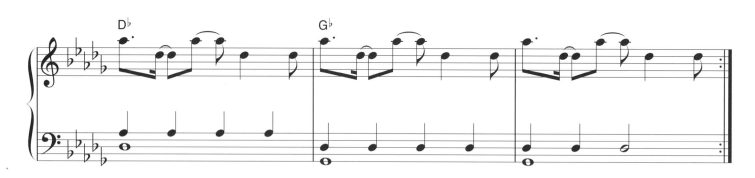

자 오늘 떠나요
저 이제 쉬어요 떠

공 항 으 로   핸 드 폰
날 거 예 요   노 트 북

꺼 놔 요   제 발 날 찾
꺼 놔 요   제 발 날 잡

진 말 아 줘   시 끄 럽

게 소 리 를 질 러 도

어 쩔 수 없 어 나 가

볍 게 손 을 흔 들 며 —

Bye Bye —   쉬 지
See Ya —

light light 빛나는 M - y youth 자유롭게 Fly Fly 나숨을 쉬어 –

쉬 어 – I can fly – – – a - way – – –

열애중

VIP 작사 · 작곡
벤 노래

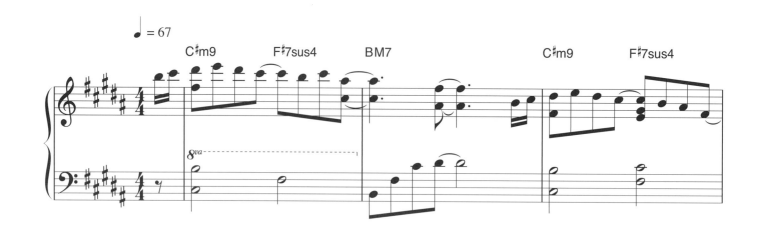

아직 이별중인 – 나에겐 – 끝이 아닌것만 – 같아서

다른 사랑중인 – 너지만 – 나는

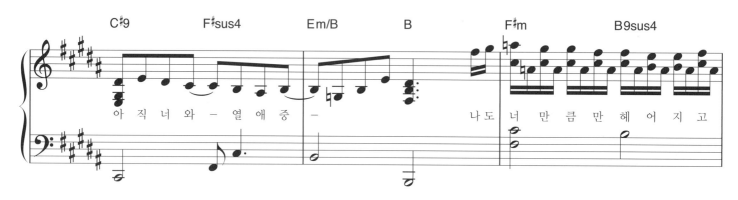

아 직너와 – 열애중 – 나도 너 만큼만 헤어지고

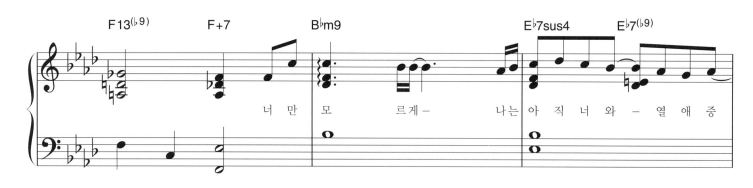

너 만 모 르게— 나는 아 직 너 와 — 열 애 중

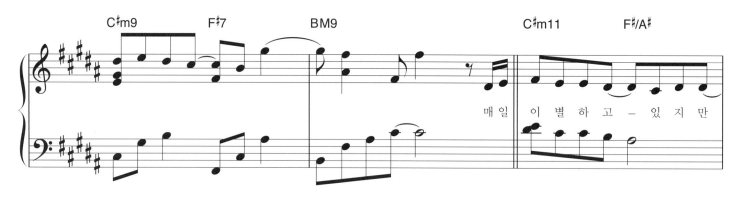

매일 이 별 하 고 — 있 지 만

— 아 직 너 를 기 다 — 리 는 중 — 나 도

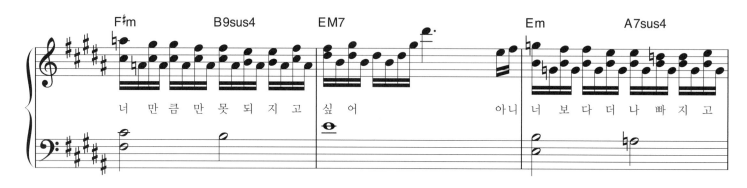

너 만 큼 만 못 되 지 고 싶 어 아 니 너 보 다 더 나 빠 지 고

오랜 날 오랜 밤

이찬혁 작사 · 작곡
악동뮤지션 노래

♩ = 117

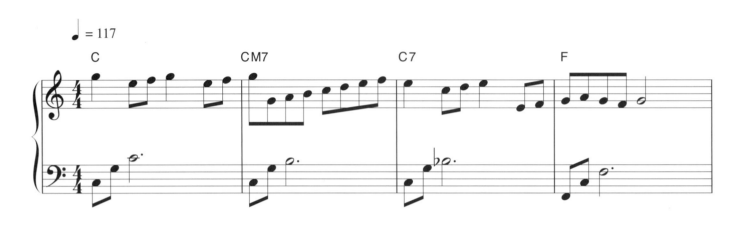

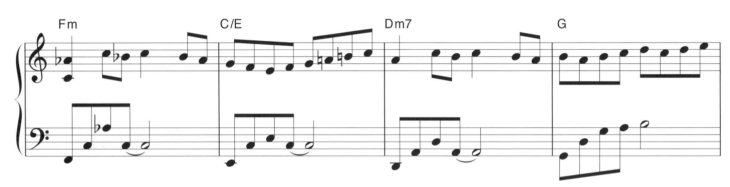

별하 — 나 있고 — 너하 — 나 있는 — 그곳 — 이내 오 랜밤

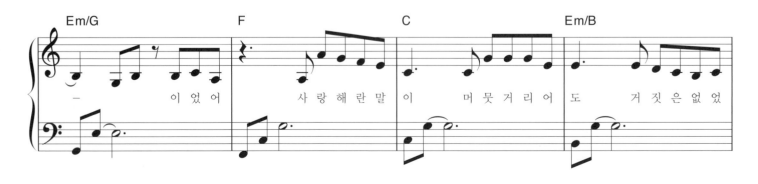

— 이었어　사 랑해란말 이　머뭇거리어 도　거짓은 없었

제주도의 푸른 밤

최성원 작사 · 작곡
성시경 노래

♩ = 105

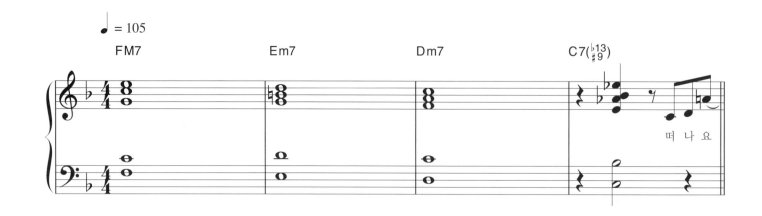

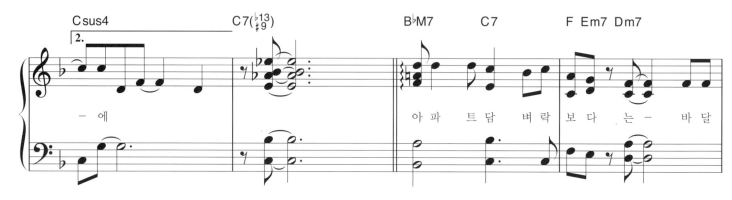

좋니

윤종신 작사
Postino 작곡
윤종신 노래

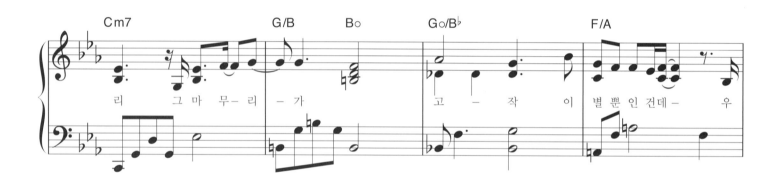

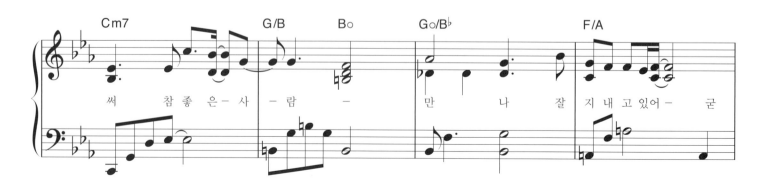

지나오다

닐로 작사 · 작곡
닐로 노래

Marry Me

마크툽 작사 · 작곡
마크툽, 구윤회 노래

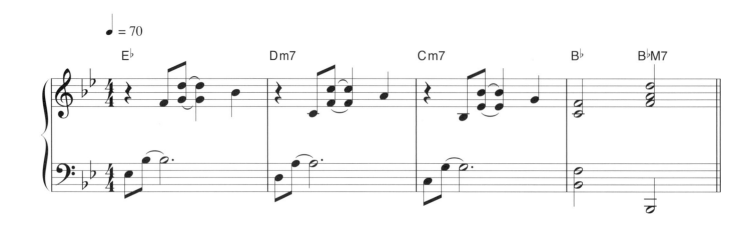

비내리는 – 날엔 우산이되 – 주고 어둠이오 – 면 빛이되줄 게

추운겨울 – 이면 난로가되 – 주고 더운날 – 엔 바람이될게 – 잠이들때

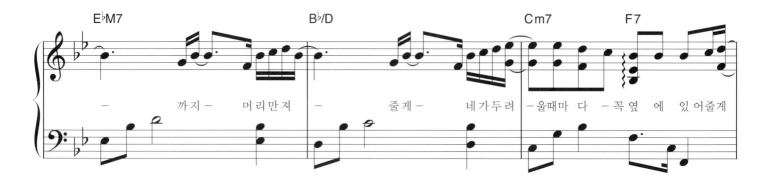

– 까지 – 머리만져 – 줄게 – 네가두려 – 울때마 다 – 꼭옆 에 있어줄게

Way Back Home

이지혜, JQ 작사
숀 작곡
숀 노래

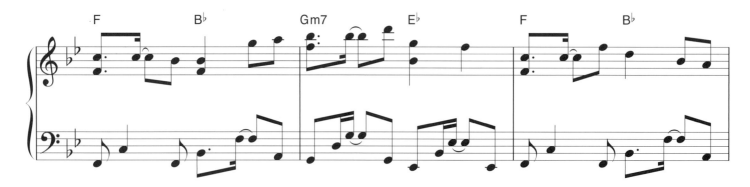

Gm7 E♭ F B♭ Gm7 E♭
F B♭ Gm7 E♭ F B♭ Gm7 E♭
2.
조 용 히
범 춘시 – 간 속 잠 든
너 를찾 – 아 가 아
무 리막 – 아 도 결 국
F B♭ Gm7 E♭ F B♭ Gm7 E♭
너 의곁 – 인 걸 길 고
긴 여행 – 을 끝 내
이 젠돌 – 아 가 너
라 는집 – 으 로 지 금
F B♭ E♭ F Gm7
다 시 Way–back home
세 상 을 뒤 집 어
찾 으 려 해
오 직너 로 완 결 된
Gm7 F Cm7 B♭/D E♭
이 야 기 를 –
모 든 –걸
잃 어 도 –
난 너 하 나 면 돼

Bohemian Rhapsody

'보헤미안 랩소디' OST

Freddie Mercury 작사 · 작곡
Queen 노래

City Of Stars

'라라랜드' OST

Benj Pasek, Justin Paul 작사
Justin Hurwitz 작곡
Ryan Gosling, Emma Stone 노래

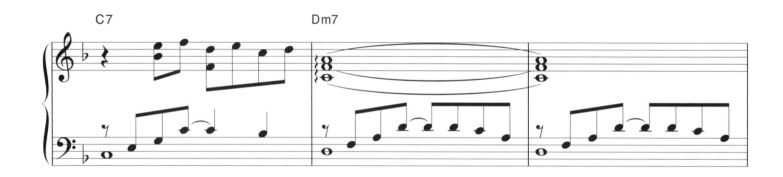

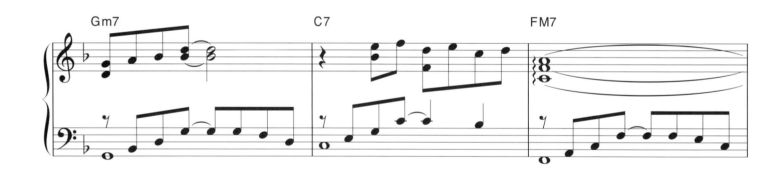

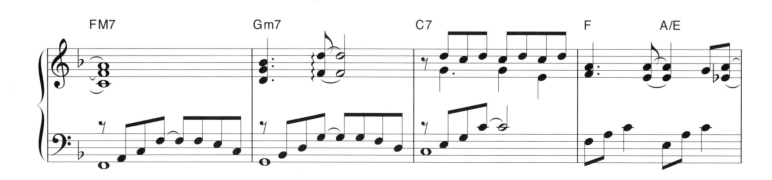

Stand By Your Man

'밥 잘 사주는 예쁜 누나' OST

Billy Sherrill, Tammy Wynette 작사 · 작곡
Carla Bruni 노래

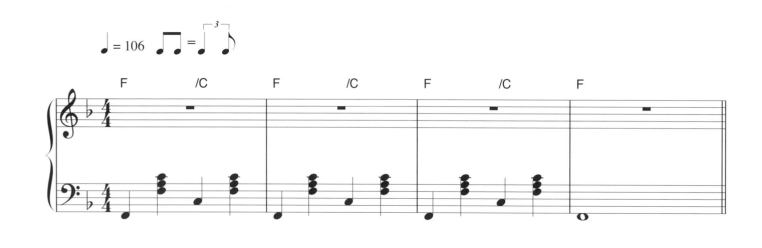

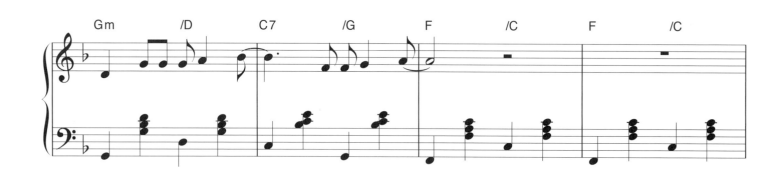

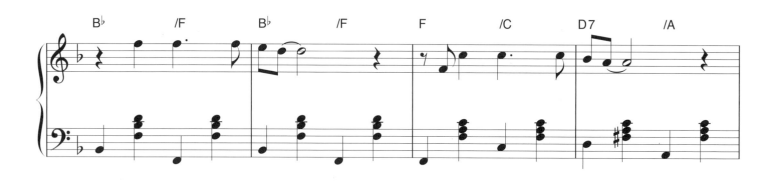

Someone Like You

Adele Adkins, Dan Wilson 작사 · 작곡
Adele 노래

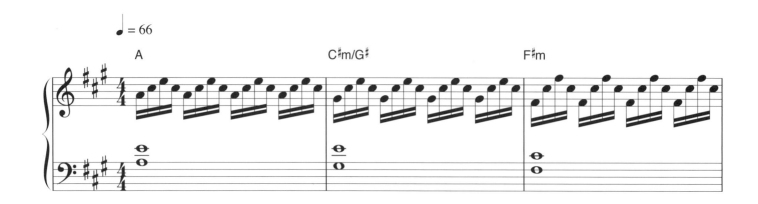

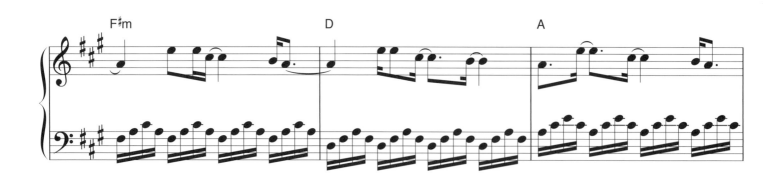

시대를 초월한 마음

'이누야샤' OST

Wada Kaoru 곡

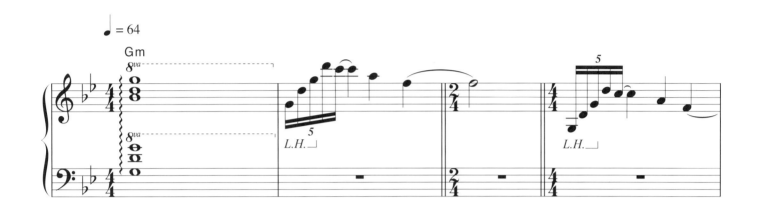

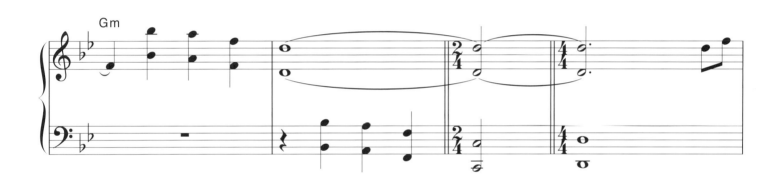

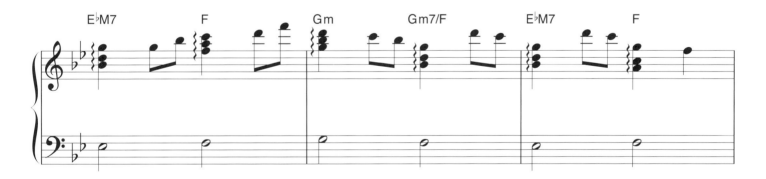

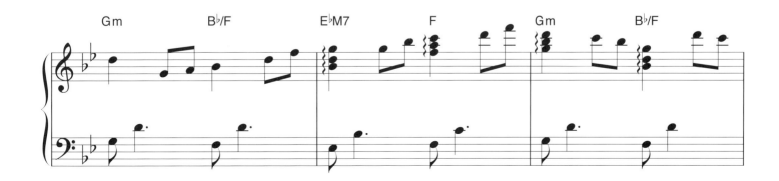

언제나 몇 번이라도

'센과 치히로의 행방불명' OST

Kimura Youmi 곡

D.S. al coda

인생의 회전목마(Jazz Ver.)

'하울의 움직이는 성' OST

Hisaishi Joe 곡

Flower Dance

DJ Okawari 곡

Last Carnival

Acoustic Cafe 곡

Mission Impossible Main Theme

'Mission Impossible' OST

Lalo Schifrin 곡

피아노리브레 | 연주곡집

편저 김의영

발행인 정의선
이사 전수현
콘텐츠기획실 최지환
편집 배현정, 서보람
미술 강현희
기획마케팅실 사공성, 한은영, 장기석
제작 박장혁, 전우석

인쇄일 2024년 3월 20일

발행처 ㈜음악세계
출판등록 제406-2019-000124호
주소 경기도 파주시 Bookcity 171 ㉾ 10881
전화 영업 031-955-1486 편집 031-955-6996
팩스 영업 031-955-6988
홈페이지 www.eumse.com

ISBN 979-11-6680-585-1-13670